Ernst Probst

Die Inneralpine Bronzezeit-Kultur in der Schweiz

1000 Jahre Urgeschichte

GRIN - Verlag für akademische Texte

Der GRIN Verlag mit Sitz in München hat sich seit der Gründung im Jahr 1998 auf die Veröffentlichung akademischer Texte spezialisiert.

Die Verlagswebseite www.grin.com ist für Studenten, Hochschullehrer und andere Akademiker die ideale Plattform, ihre Fachtexte, Studienarbeiten, Abschlussarbeiten oder Dissertationen einem breiten Publikum zu präsentieren.

Ernst Probst

Die Inneralpine Bronzezeit-Kultur in der Schweiz

1000 Jahre Urgeschichte

GRIN Verlag

Bibliografische Information der Deutschen Nationalbibliothek: Die Deutsche Bibliothek verzeichnet diese Publikation in der Deutschen Nationalbibliografie; detaillierte bibliografische Daten sind im Internet über http://dnb.d-nb.de/ abrufbar.

1. Auflage 2011
Copyright © 2011 GRIN Verlag GmbH
http://www.grin.com
Druck und Bindung: Books on Demand GmbH, Norderstedt Germany
ISBN 978-3-656-08173-9

Krieger aus der Frühbronzezeit in der Westschweiz.
Ausschnitt aus einer Zeichnung
von Friederike Hilscher-Ehlert, Königswinter,
für das Buch »Deutschland in der Bronzezeit« (1996)
von Ernst Probst

Ernst Probst

Die Inneralpine Bronzezeit-Kultur in der Schweiz

1000 Jahre Urgeschichte

Widmung

Dr. Gretel Gallay (heute Callesen)
Dr. Albert Hafner und
Dr. Jürg Rageth gewidmet,
die mich bei den Recherchen
über Kulturen der Bronzezeit in der Schweiz
unterstützt haben,
sowie der wissenschaftlichen Graphikerin
Friederike Hilscher-Ehlert

Inhalt

Der dänische Archäologe
Christian Jürgensen Thomsen (1788–1865)
hat 1836 die Urgeschichte
nach dem jeweils am meisten verwendetem Rohstoff
in drei Perioden eingeteilt:
Steinzeit, Bronzezeit und Eisenzeit.

Vorwort

Rund 1000 Jahre Urgeschichte von etwa 2300 bis 1300/1200 v. Chr. passieren in dem Taschenbuch »Die Inneralpine Bronzezeit-Kultur in der Schweiz« in Wort und Bild Revue. Geschildert werden die Anatomie der damaligen Ackerbauern, Viehzüchter und Bronzegießer, ihre Höhensiedlungen, Kleidung, ihr Schmuck, ihre Keramik, Werkzeuge, Waffen, Haustiere, Jagdtiere, ihr Verkehrswesen, Handel, ihre Kunstwerke und Religion.

Verfasser dieses Taschenbuches ist der Wiesbadener Wissenschaftsautor Ernst Probst. Er hat sich vor allem durch seine Werke »Deutschland in der Urzeit« (1986), »Deutschland in der Steinzeit« (1991) und »Deutschland in der Bronzezeit« (1996) einen Namen gemacht.

Das Taschenbuch »Die Inneralpine Bronzezeit-Kultur in der Schweiz« ist Dr. Gretel Gallay (heute Callesen), Dr. Albert Hafner und Dr. Jürg Rageth gewidmet, die den Autor mit Rat und Tat bei den Recherchen über Kulturen der Bronzezeit in der Schweiz unterstützt haben. Es enthält Lebensbilder der wissenschaftlichen Graphikerin Friederike Hilscher-Ehlert aus Königswinter.

Die Frühbronzezeit in der Schweiz

Abfolge und Verbreitung der Kulturen und Gruppen

Die Frühbronzezeit dauerte in der Schweiz etwa von 2300 bis 1600 v. Chr. Ihr erster Abschnitt, in dem noch weitgehend gehämmerte Metallobjekte hergestellt wurden, wird als ältere Frühbronzezeit bezeichnet. Der zweite Abschnitt dagegen, in dem man bereits massive Bronzeobjekte goss, heißt entwickelte Frühbronzezeit. In der Westschweiz existierte von zirka 2200 bis 1600 v. Chr. die Rhône-Kultur. Ihre ältere Phase von ungefähr 2200 bis 1800 v. Chr. ist bisher nur durch Grabfunde im Unterwallis und in der Region des Thuner Sees im Berner Oberland belegt. Während der jüngeren Phase von etwa 1800 bis 1600 v. Chr. existierten die westschweizerische Aare-Rhône-Gruppe und die ostfranzösische Saône-Jura-Gruppe.[1]

Die Funde aus der Zeit zwischen etwa 1800 und 1600 v. Chr. im nordostschweizerischen Mittelland werden der Arbon-Kultur zugerechnet. Nach der Altersdatierung von Hölzern aus Seeufersiedlungen im nordostschweizerischen Mittelland zu schließen, sind diese Dörfer erst in der ausklingenden Frühbronzezeit errichtet und bewohnt worden.

Von den Relikten der Rhône-Kultur und der Arbon-Kultur unterscheiden sich die frühbronzezeitlichen Funde in weiten Teilen des Kantons Graubünden ganz deutlich. Deshalb spricht man dort von der Inneralpinen Bronzezeit-Kultur (s. S. 17). Diese Eigenständigkeit setzte sich auch in der Mittelbronzezeit und teilweise noch in der Spätbronzezeit fort.

Bisher sind aus der ganzen Schweiz etwa hundert frühbronzezeitliche Siedlungsplätze nachgewiesen. Gräber kennt man vor allem aus den Kantonen Wallis und Bern.

Zeichnung auf Seite 14:

Bestattung eines bewaffneten und geschmückten Kriegers
der Rhône-Kultur (etwa 2200 bis 1600 v. Chr.)
in der Totenstätte von Sitten-Petit Chasseur im Kanton Wallis.
Er trägt einen nach oben spitz zulaufenden Hut,
wie er durch einen gleichaltrigen Fund
in Norditalien nachgewiesen ist.
Zeichnung von Friederike Hilscher-Ehlert, Königswinter,
für das Buch »Deutschland in der Bronzezeit« (1996)
von Ernst Probst

JÜRG RAGETH,
geboren am 30. Dezember 1946 in Chur (Graubünden),
studierte in Zürich
bei Professor Dr. Emil Vogt (1906–1974).
Er ist Prähistoriker
und arbeitete seit 1973
beim Archäologischen Dienst Graubünden
in Chur und Haldenstein.
Sein Interesse gilt vor allem der Bronzezeit.
Von 1971 bis 1983 leitete er
die Ausgrabungen
auf dem bronzezeitlichen Siedlungsplatz Padnal
bei Savognin in Graubünden.
1986 schlugen Rageth und andere Archäologen
den Begriff Inneralpine Bronzezeit-Kultur vor.

Graubünden
war kein Durchgangsland

Die Inneralpine Bronzezeit-Kultur
in der Frühbronzezeit

Die Funde aus der Frühbronzezeit von etwa 2300
bis 1600 v. Chr. in weiten Teilen Graubündens
unterscheiden sich merklich von denen der Westschweiz
und des Mittellandes. Deshalb rechnet man die Hinterlassenschaften in diesem inneralpinen Gebiet einer
eigenständigen Kultur zu. Jene Kultur wird nach einem
Vorschlag des beim Archäologischen Dienst Graubünden tätigen Prähistorikers Jürg Rageth von 1986 und
anderen Experten als »Inneralpine Bronzezeit-Kultur«
oder »Inneralpine Bronzezeit« bezeichnet. Vorher gab
es Versuche, die Ausdrücke Crestaulta-Kultur[1] oder
Bündnerische Bronzezeit[2] einzuführen.
Die Inneralpine Bronzezeit-Kultur behauptete ihr Ei-
genleben auch in der Mittelbronzezeit von etwa 1600
bis 1200 v. Chr. und teilweise sogar noch in der
Spätbronzezeit von etwa 1200 bis 800 v. Chr. Nach
Ansicht von Jürg Rageth könnten zu Beginn
der Frühbronzezeit im inneralpinen Gebiet fremde
Menschen bei der Suche nach Kupfererz und geeigne-
ten Siedlungsstandorten eingewandert sein und sich dort
niedergelassen haben. Die Menschen der frühbronze-

17

Karte auf Seite 19:

Verbreitung der Kulturen und Gruppen
während der jüngeren Frühbronzezeit
(etwa 1800 bis 1600 v. Chr.) in der Schweiz.
Karte aus dem Buch
»Deutschland in der Bronzezeit« (1996)
von Ernst Probst

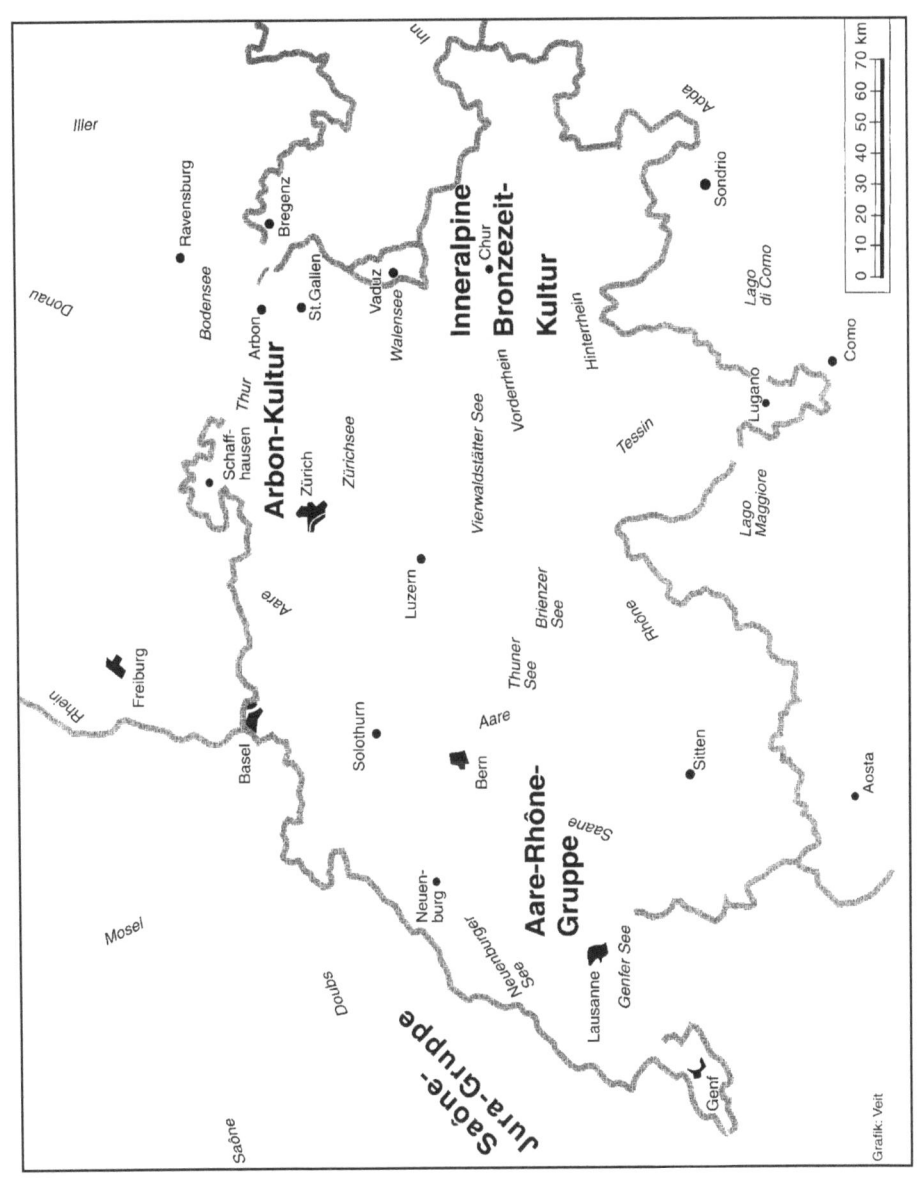

19

zeitlichen Inneralpinen Bronzezeit-Kultur waren Ackerbauern und Viehzüchter. Neben der Landwirtschaft betrieben sie zeitweise Bergbau, Metallverarbeitung und Tauschgeschäfte.

Noch bis in das erste Viertel des 20. Jahrhunderts herrschte die irrige Auffassung vor, das Gebiet des Kantons Graubünden sei in der Stein- und Bronzezeit lediglich ein Durchgangsland gewesen, weil die dortige Bergwelt den Menschen zu jener Zeit sehr unwirtlich erschien. Doch die ab den 1920-er Jahren verstärkt einsetzenden Geländebegehungen durch Heimatforscher und Prähistoriker sowie die damit verbundenen Untersuchungen korrigierten dieses falsche Bild, weil dabei zahlreiche Siedlungsspuren entdeckt wurden.

Nach den Bestattungen von Donath (Kanton Graubünden) zu schließen, waren die damaligen Männer und Frauen im inneralpinen Gebiet offenbar nicht sehr groß. Der Zürcher Anthropologe Otto Schlaginhaufen (1879–1973) ermittelte für einen Mann von dort eine Körperhöhe von 1,54 Metern und für eine Frau von 1,50 Metern.

Die Bauern der frühbronzezeitlichen Inneralpinen Bronzezeit-Kultur in Graubünden haben ihre Dörfer fast ausschließlich auf Hügeln als Höhensiedlungen angelegt. Das geht aus der Publikation »Urgeschichtliche Fundstellen Graubündens« des damals in Chur tätigen Prähistorikers Andreas C. Zürcher hervor. Höhensiedlungen sind offenbar vor allem in der ausgehenden Frühbronzezeit bewohnt worden. Sie zeichneten sich häufig durch eine besonders geschützte Lage aus.

Um die Erforschung dieser Höhensiedlungen hat sich der Kreisförster Walo Burkart (1887–1952) aus Chur verdient gemacht. Seine Leistung wird kaum dadurch geschmälert, dass seine Grabungen in den 1920-er, 1930-er und 1940-er Jahren nach heutigen Kriterien nicht sorgfältig genug waren. Diesem Pionier der Archäologie in Graubünden sind zahlreiche Entdeckungen und Erkenntnisse über urgeschichtliche Siedlungen zu verdanken. Burkart hat die frühbronzezeitlichen Höhensiedlungen auf der Crestaulta bei Surin[3], dem Grepault bei Trun[4], dem Jörgenberg bei Waltensburg[5], der Cresta bei Cazis[6], der Motta Vallac bei Salouf[7], der Mutta (Muota) bei Fellers[8] (Falera) und viele andere Fundstellen aus unterschiedlicher Zeit untersucht.

Die Höhensiedlung auf dem Hügel Crestaulta bei Surin im Lugnez wurde durch eine Steinmauer geschützt. Aus 15 Pfostenlöchern – in drei Reihen zu je fünf Löchern angeordnet – ließ sich ein Hausgrundriss rekonstruieren. An diesen Fundort sollte der Begriff Crestaulta-Kultur erinnern, den der Ausgräber geprägt hat.

Auch andere Höhensiedlungen hatten den Charakter von »Bronzezeitburgen«. So war die Siedlung auf dem Felskopf Grepault bei Trun nach Norden, Osten und teilweise nach Süden und Westen durch steile Felswände vom übrigen Gelände abgetrennt. Lediglich eine Rampe an der steilen Böschung der Südseite ermöglichte den Zutritt. Diese Höhensiedlung lag am Südufer des Rheins.

Der Kreisförster Walo Burkart (1887–1952) aus Chur
hat sich um die Erforschung von Höhensiedlungen
der Inneralpinen Bronzezeit-Kultur
und der spätbronzezeitlichen Laugen-Melaun-Gruppe
in Graubünden große Verdienste erworben.

In der Siedlung auf dem Jörgenberg bei Waltensburg waren die Nord-, Ost- und Südseite durch bis zu 100 Meter hohe Flanken gesichert gewesen. Hier erfolgte der Zugang von der flacheren Westseite. Anhand von Keramikresten konnte ermittelt werden, dass diese Höhensiedlung in der Früh- und der Mittelbronzezeit bewohnt war.

Die steil abfallenden Hänge im Westen, Norden und Osten der Hügelkuppe Cresta bei Cazis im Domleschg bewahrten die Bewohner der dort angelegten Höhensiedlung vor unliebsamen Überraschungen durch Angreifer. Bei den zahlreichen Ausgrabungen dieser Fundstätte wurden mehrere Siedlungen von der Frühbronzezeit bis zur Römerzeit entdeckt, deren Häuser in Zeilen angeordnet waren.

Auch das Profil des Hügels Motta Vallac bei Salouf ist von sehr steilen Hängen geprägt, die teilweise von Felsbändern durchzogen sind. Auf dem Gipfel ließen sich in der Frühbronzezeit die ersten Siedler nieder. Sie rodeten Fichten, Kiefern, Arven und Tannen, um eine freie Fläche für ihre Häuser zu schaffen. Zur Talseite hin schichtete man als Unterbau für die Behausungen terrassenartige Trockenmauern auf. Auf diesen wurden die hölzernen Konstruktionen der Gebäude mit auf die Hangkante ausgerichtetem First errichtet.

Die natürliche Schutzlage des steilen Hügelkamms Pleun da Ruora bei Ruschein bewog in der Frühbronzezeit eine Gruppe von Menschen, dort eine Höhensiedlung zu gründen. Das zeigen Keramikreste, die bei Grabungen durch das Rätische Museum, Chur, geborgen wurden. Reicher sind dort jedoch die Hinterlassenschaften aus der Mittelbronzezeit.

Manche der Höhensiedlungen thronten in beträchtlicher Höhe. So lag die Siedlung auf dem Hügel Mutta bei Fellers etwa 1300 Meter über dem Meeresspiegel. Am besten geschützt war diese Anlage im Südosten, weil dort die Flanke steil ins Vorderrheintal abfällt.

Als besonders aufschlussreich erwiesen sich die auf dem Hügel Padnal bei Savognin[9] (auch Mot la Cresta genannt) vorgenommenen Grabungen. Diese Erhebung im Oberhalbstein ist 100 Meter lang, 40 Meter breit und fällt teilweise steil zum Fluß Julia ab. Für Trinkwasser war durch Quellen, einen Bach und den Fluß Julia reichlich gesorgt. Über den Padnal zog sich in einer länglichen Geländemulde eine einzeilige Höhensiedlung mit Pfosten- und Säulenbauten, deren hölzerne Ständer auf Steinplatten ruhten. Die Siedlung ist durch einen Brand zerstört worden, dessen Ursache nicht ermittelt werden konnte.

Im nördlichen Teil der Höhensiedlung auf dem Padnal lagen zwei unmittelbar aneinandergrenzende Häuser. Davon war eines ein Pfostenhaus von drei mal 3,50 Meter Größe mit einer Herdstelle und das andere eine Kombination von Pfosten- und Trockenmauerbau von mindestens vier mal sechs Metern mit Herdstelle. Südlich dieser beiden Häuser folgte eine zweite einzeilige Häusergruppe mit drei Häusern, die durch eine Art Gasse von den beiden zuvor erwähnten Häusern getrennt waren.

Bei dem nördlichsten Gebäude dieser zweiten Haus-gruppe lassen sich drei Bauetappen unterscheiden. In der frühesten Etappe stand dort ein kleines Pfosten-haus von 3,50 mal 3,50 Metern. Es folgte ein Haus, das mit einem Bretterboden ausgestattet war. Zuletzt errichtete man ein fünf mal 4,50 Meter großes Haus auf Unterlageplatten. Auch das mittlere Haus der zweiten Gruppe ruhte auf Unterlageplatten. In ihm konnten fünf ehemalige Gehniveaus nachgewiesen werden, zu denen meistens eine Herdstelle gehörte. Im südlichsten Anwesen der zweiten Hausgruppe wurden zwei Bauetappen festgestellt. In der jüngeren bestand dort das fünf mal 4,60 Meter große Haus eines Bronzegießers.

Nach den Knochenresten auf der Crestaulta bei Surin zu schließen, hielten die dortigen Bauern vor allem Schafe, aber auch Rinder, Ziegen und Schweine als Haustiere. Hausrinder werden auch durch einzelne Kie-ferfunde zwischen den Gräbern von Donath belegt.

In den Siedlungen wurden überwiegend große Tonge-fäße geborgen. Sie sind meistens unmittelbar unter dem Rand mit doppelten Leisten verziert oder mit einem System von waagrechten Leisten in der Schulter-Hals-Partie verschönert, die manchmal durch schräge oder senkrechte Leisten verbunden wurden.

Die Hinterlassenschaften im Haus des Bronzegießers auf dem Padnal bei Savognin sind ein Beweis für die Herstellung von metallenen Erzeugnissen im Verbrei-tungsgebiet der frühbronzezeitlichen Inneralpinen Bronzezeit. Dabei handelt es sich um Gusstiegel- und

Foto auf Seite 27:

Der Hügel Crestaulta bei Surin
im Lugnez (Kanton Graubünden)
war Gründungsort
für eine Höhensiedlung
der frühbronzezeitlichen Inneralpinen Bronzezeit-Kultur.
Nach dieser Fundstelle
wurde vom Ausgräber
der Begriff Crestaulta-Kultur geprägt.

Gussformfragmente, Gusstropfen und einen Holz-
kohlering von etwa 20 Zentimeter Durchmesser, den
erzhaltige Brocken umsäumten. Mit zwei der auf dem
Padnal gefundenen steinernen Gußformen konnte
jeweils eine Doppelflügelnadel gegossen werden. Eine
dieser Gussformen ist 18,6 Zentimeter lang, die andere
15,6 Zentimeter.

Nach Ansicht von Prähistorikern deuten die Formen
mancher Waffen (dreieckige Dolche, Randleistenbeile)
und Schmuckstücke (Ösenhalsringe, Flügel- und
Scheibenkopfnadeln, Manschettenarmbänder) auf Im-
porte hin. Die auf dem Tauschweg nach Graubünden
gelangten Objekte stammten aus dem Ostalpen-
Donauraum, aus Süddeutschland, aus Oberitalien und
aus dem Karpatenkessel.

Auf Waffenimporte aus Süddeutschland lassen bronzene Klingen von Randleistenbeilen schließen, die nach
einem bayerischen Fundort als Langquaid-Beile bezeichnet werden. Je ein Langquaid-Beil wurde in einem
der Gräber von Donath und auf dem Tummihügel
unterhalb Maladers entdeckt. Die Beilklinge vom
Tummihügel ist heute noch scharf. Sie könnte beim
Holzfällen verlorengegangen sein.

Außer den Randleistenbeilen standen als Waffen noch
metallene Beile mit randleistenlosen Klingen, bronzene Dolche sowie Pfeil und Bogen zur Verfügung.
Randleistenlose Klingen kennt man aus dem Puschlav
und von Silvaplana in Graubünden. Die Beilklinge von
Silvaplana ist zehn Zentimeter lang und mit einer drei
Zentimeter breiten Schneide versehen.

Metalldolche kamen in einem der Gräber von Donath (ein Fund zusammen mit dem erwähnten Langquaid-Beil) und in der Siedlung auf dem Padnal bei Savognin zum Vorschein. Auf dem Padnal konnten außerdem mehrere knöcherne Pfeilspitzen geborgen werden, die den Gebrauch von Pfeil und Bogen belegen. Zum Fundgut der Siedlung auf dem Padnal bei Savognin gehören des weiteren Reib- und Mahlsteine, ein steinerner Rillenhammer sowie Pfrieme aus Knochen. Die als Tauschobjekte dienenden Waren wurden in gebirgigen Gegenden von Graubünden zu Fuß transportiert. Dabei sind mitunter auf gefährlichen Wegen selbst mehr als 2000 Meter hohe Pässe bezwungen worden. Das beweist der Fund einer frühbronzezeitlichen Lanzenspitze am Schlappinier Joch bei Klosters in etwa 2150 Meter Höhe.

Die mühselige Überquerung mancher Pässe hatte den Vorteil, dass mitunter der beschwerlichste Teil der Alpenpassage innerhalb eines einzigen Tages geschafft wurde. Ein gut organisierter Tauschhandel über Alpenpässe hinweg hätte nach Auffassung des Prähistorikers Andreas C. Zürcher das Instandhalten der Wege, Markieren der Route und vielleicht sogar Brücken über reißende Wildbäche erforderlich gemacht.

Rätsel gibt die größte bronzezeitliche Nadel der Schweiz auf, die auf dem Hügel Mutta bei Fellers im Kanton Graubünden gefunden wurde. Sie ist ein Meisterwerk des damaligen Metallhandwerks. Die 83 Zentimeter lange bronzene Nadel wurde aus einem Stück gegossen. Anschließend hat man eine ihrer Enden zu einer Scheibe von 15,5 Zentimeter Durchmesser ausgehämmert. Die Scheibe ist mit einem von hinten getriebenen Zierbuckel dekoriert und am oberen Ende mit einer Öse versehen. In die Öse der Prachtnadel von der Mutta wurde vermutlich eine Schnur gesteckt, festgebunden, durch den Gewandbausch hinweggeführt und um die hervortretende untere Partie der Nadel gewickelt. Es ist unklar, ob diese riesige Gewandnadel von einem Lebenden getragen wurde, als Zierde auf einem Totengewand ruhte oder als Zeremonialschmuck eines Priesters oder Häuptlings diente.

Außer dem ungewöhnlichen Objekt von der Mutta gab es viel profanere Schmuckstücke in Gestalt durchbohrter Tierzähne als Anhänger von Halsketten. So sind vom Padnal bei Savognin eine durchbohrte Lamelle von einem Eberzahn und ein durchlochter Bärenzahn bekannt.

Nur der Bronzezeit allgemein und nicht einer bestimmten Stufe lassen sich die Felszeichnungen von Crap Carschenna oberhalb Sils[10] im Domleschg (Kanton Graubünden) zuweisen. Man hat sie ein bis zwei Zentimeter tief in das Gestein eingepickt. Zu erkennen sind zahlreiche konzentrische Kreise, meistens mit einer in den Fels eingetieften Schale im Zentrum, einzelne Spiralen, »Verbindungskanäle«, ein »Strahlenrad« und Wellenlinien. Manche dieser Motive könnten von der Beschäftigung damaliger Priester mit den Gestirnen zeugen.

Auf wenig Gegenliebe bei den Prähistorikern stoßen phantasievolle Theorien über eine »Sonnenkultlinie«[11]

in Graubünden. Diese »Kultlinie« soll angeblich auf der Mutta bei Fellers beginnen, wo sich ein Steinkreis, mehrere Schalensteine und eine Steinsetzung befinden. Letztere bestand nach dieser sehr umstrittenen Ansicht ursprünglich vermutlich aus sieben Findlingen in je 19 Meter Abstand. Zwar sind heute auf der Mutta nur noch sechs Findlinge vorhanden, aber aufgrund der Entfernung von etwa 38 Metern zwischen zwei Blöcken wird ein fehlender, ursprünglich siebter Stein angenommen. Die Steinsetzung auf der Mutta soll im Südwesten in Ladir und noch weiter im Südwesten auf einem Bergrücken bei Ruschein ihre Fortsetzung finden, woraus sich insgesamt die vermeintliche »Kultlinie« ergibt. Da die Höhenlagen von Ruschein, Ladir und Fellers nur wenig voneinander differieren, könnte einst der Sonnenaufgang an diesen drei Landschaftspunkten nahezu gleichzeitig beobachtet worden sein, glauben die Verfechter der »Sonnenkultlinie«.

Bisher wurden nur wenige Gräber aus der frühbronzezeitlichen Inneralpinen Bronzezeit entdeckt. Hier sind in erster Linie die Körperbestattungen in den Gräbern von Donath[12] zu nennen, die den Grabbeigaben zufolge in die ausklingende Frühbronzezeit datiert werden. Die damals in Freiburg/Breisgau wirkende Prähistorikerin Gretel Gallay (heute Callesen) erkannte 1971 in einem Grab von Donath gewisse Einflüsse der nordischen oder englischen Bronzezeit, die sie auf Handelsbeziehungen zurückführte.

Das in älterer Literatur erwähnte so genannte »Kuppelgrab« von Donath gilt heute nur noch als mittel-

*Bronzezeitliche Felszeichnungen
von Crap Carschenna oberhalb Sils
im Domleschg (Kanton Graubünden).
Manche der in das Gestein eingepickten Motive
könnten von der Beschäftigung damaliger Priester
mit den Gestirnen zeugen.*

Eines der Motive
unter den bronzezeitlichen Felszeichnungen
von Crap Carschenna oberhalb Sils
im Domleschg (Kanton Graubünden).
Es zeigt ein Pferd mit einem Reiter auf dem Rücken,
der möglicherweise einen Bogen mit Pfeil trägt.

alterlicher oder neuzeitlicher Milchkeller, der über älteren Gräbern errichtet wurde. Tatsächlich aus der Frühbronzezeit stammen nur ein Steinkistengrab mit fünf Beisetzungen und weitere Bestattungen ohne Beigaben.

Bei den Bestattungen aus dem zerstörten Steinkistengrab von Donath handelt es sich um die Gräber von zwei Kindern, zwei Erwachsenen sowie um das Einzelgrab eines Erwachsenen. Die Doppelbestattung der beiden Erwachsenen wird von manchen Autoren damit erklärt, dass hier ein Mensch auf natürliche Weise gestorben ist, während der andere getötet wurde und ihm ins Grab folgen musste.

Die Mittelbronzezeit in der Schweiz

Abfolge und Verbreitung der Kulturen

Die Mittelbronzezeit währte in der Schweiz etwa von 1600 bis 1300/1200 v. Chr. Sollte sich auch in der Schweiz die neuerdings von deutschen Prähistorikern für die Mittelbronzezeit praktizierte Gliederung durchsetzen, müsste man diesen Abschnitt in zwei Stufen teilen. Die ältere Stufe hieße dann Bronzezeit B, die jüngere folglich Bronzezeit C.

In der Westschweiz und im Mittelland werden die urgeschichtlichen Funde zwischen etwa 1600 und 1300/1200 v. Chr. der Hügelgräber-Kultur beziehungsweise Hügelgräber-Bronzezeit zugerechnet.[1] Sie löste in der Westschweiz die Aare-Rhône-Gruppe der Rhône-Kultur und im Mittelland die Arbon-Kultur beziehungsweise die jüngere Frühbronzezeit ab.

In weiten Teilen des Kantons Graubünden behauptete sich von etwa 1600 bis 1300/1200 v. Chr. die mittelbronzezeitliche Inneralpine Bronzezeit-Kultur (s. S. 39). Dort hatte vorher die frühbronzezeitliche Inneralpine Bronzezeit-Kultur existiert. Früher hat man auch von der Crestaulta-Kultur oder von der Bündnerischen Bronzezeit gesprochen.

Zeichnung auf Seite 37:

Auf einem Lebensbild von 1921
wurden die Menschen der Bronzezeit
als Jäger und Viehzüchter dargestellt.
Die Zeichnung stammt aus einem Buch
von Karl Schumacher (1860–1934),
dem damaligen Direktor
des Römisch-Germanischen Zentralmuseums
Mainz.

37

Das Bergdorf auf dem Padnal

Die Inneralpine Bronzezeit-Kultur
in der Mittelbronzezeit

In weiten Teilen Graubündens vermochte sich auch
in der Mittelbronzezeit von etwa 1600 bis 1300/1200
v. Chr. die Inneralpine Bronzezeit-Kultur zu behaupten. Diese war möglicherweise zudem in Nordtirol, im
südlichen Vorarlberg und sicherlich im Vintschgau
(Südtirol) heimisch.
Verkohlte Holzreste auf dem Hügel Padnal bei Savognin im Oberhalbstein (Kanton Graubünden)
stammen von Lärchen *(Larix)* und Fichten (*Picea abies*)
sowie vereinzelt auch von Erle *(Alnus)*, Birke *(Betula
betula)*, Arve *(Pinus cembra)* und Kernobst. Vor allem
Lärchen hatten als Bauholz für eine Siedlung gedient,
die durch ein Feuer zerstört wurde. Diese im Alpenraum
sehr häufig vorkommende Nadelholzart lieferte
besonders widerstandfähiges Baumaterial.
Die bisher entdeckten menschlichen Skelettreste sind
nicht sehr aussagekräftig. Auf dem Padnal bei Savognin
kam ein Unterkiefer zum Vorschein, welcher als Rest
eines Menschen betrachtet wird, der bei einem Brand
sein Leben verlor. Vom Gräberfeld auf dem Cresta
Petschna bei Surin in Graubünden kennt man lediglich
den Leichenbrand von Verstorbenen.

Karte auf Seite 41:

Verbreitung der Kulturen und Gruppen
während der Mittelbronzezeit
(etwa 1600 bis 1300/1200 v. Chr.) in der Schweiz.
Karte aus dem Buch
„Deutschland in der Bronzezeit" (1996)
von Ernst Probst

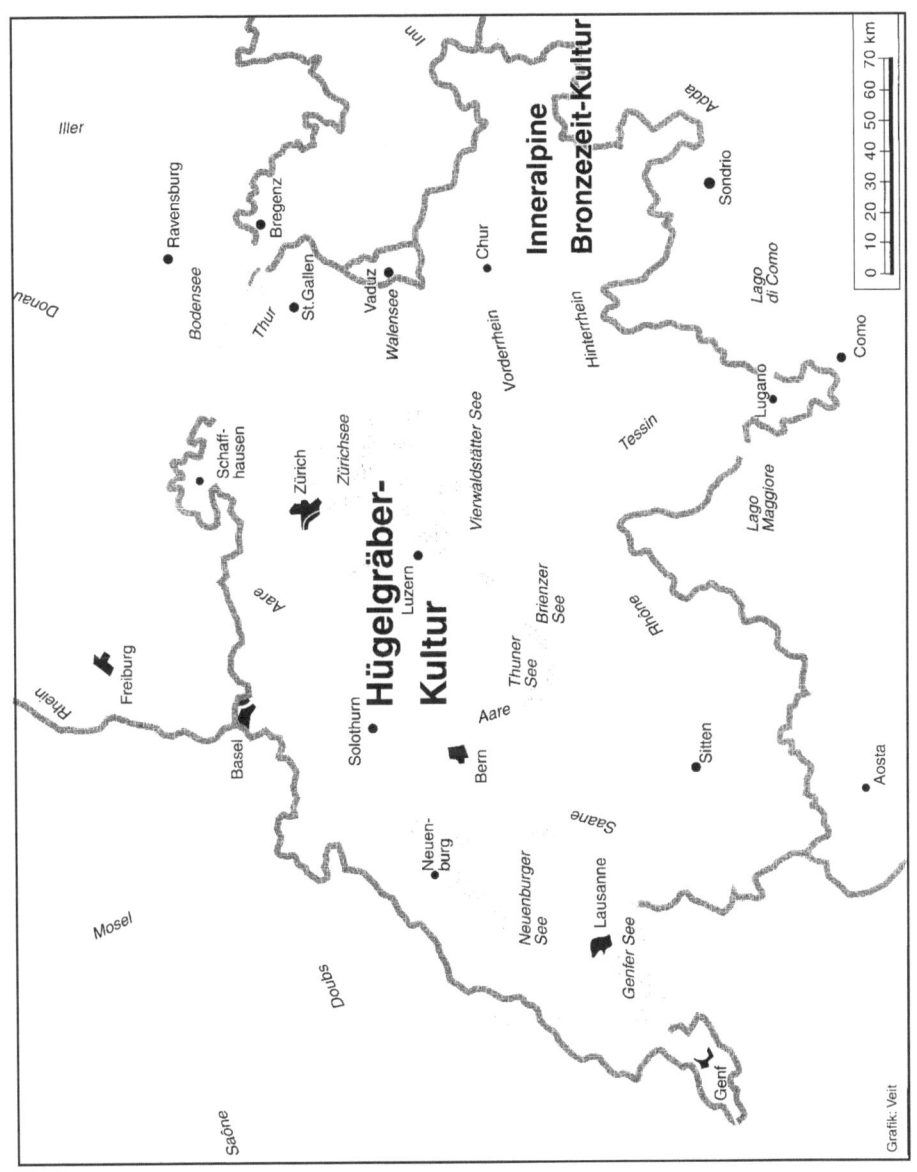

Grafik: Veit

41

Foto auf Seite 43:

*Nordansicht des Hügels Padnal bei Savognin
im Oberhalbstein (Kanton Graubünden).
Auf dem Padnal hat in der Mittelbronzezeit
eine Höhensiedlung gelegen.
Dieses Bergdorf wurde
vom Archäologischen Dienst Graubünden, Chur,
ausgegrabem*

Zeichnung auf Seite 45:

Rekonstruktion der Höhensiedlung
mit einer gezimmerten Zisterne
auf dem Padnal bei Savognin
im Oberhalbstein (Kanton Graubünden)
während der mittelbronzezeitlichen
Inneralpinen Bronzezeit-Kultur
(etwa 1600 bis 1300/1200 v. Chr.).
Zeichnung von Friederike Hilscher-Ehlert, Königswinter,
für das Buch »Deutschland in der Bronzezeit« (1996)
von Ernst Probst

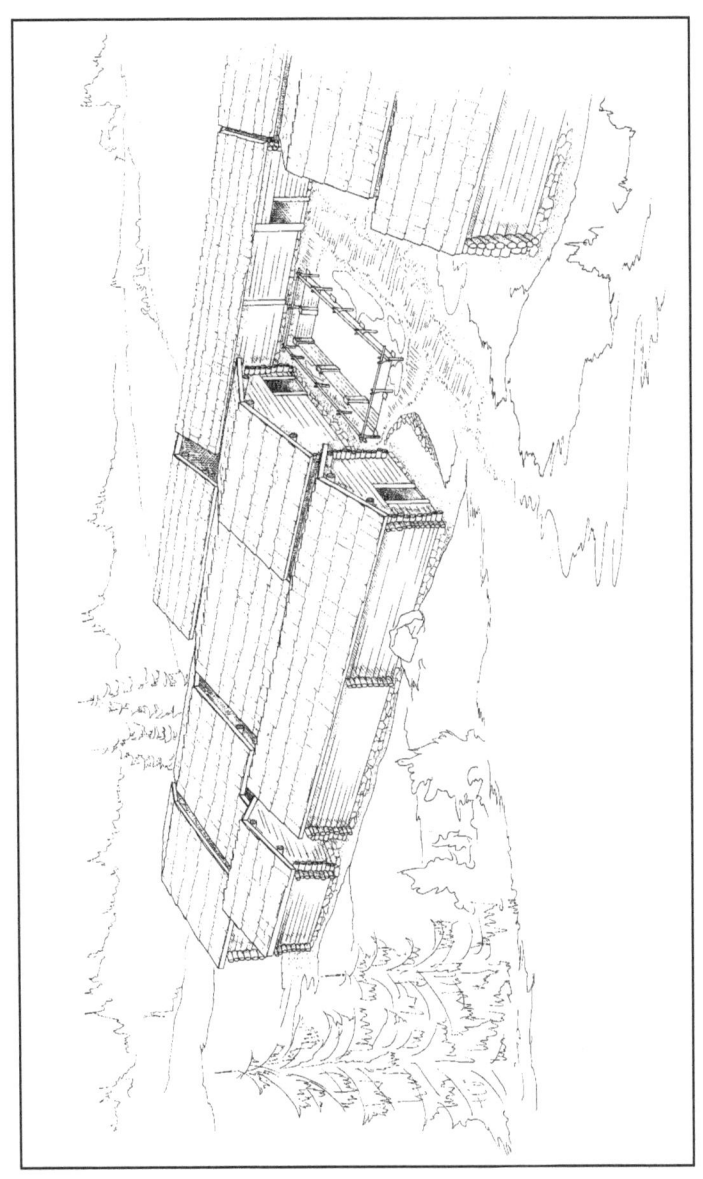

Bronzenes Rasiermesser
vom Typ Padnal
aus der namengebenden
Höhensiedlung
auf dem Padnal
bei Savognin
im Oberhalbstein
(Kanton Graubünden).
Länge des Rasiermessers
zehn Zentimeter.
Original im
Rätischen Museum, Chur

Auch in Graubünden haben sich die Männer erstmals mit bronzenen Rasiermessern den Bart und die Kopfhaare geschnitten. Das ist durch Funde von jeweils einem Rasiermesser auf dem Padnal bei Savognin und auf dem Tummihügel bei Maladers belegt. Ersteres wird als Typ Padnal bezeichnet, letzteres als Typ Maladers.

Die Siedlungen waren teilweise auf den gleichen Anhöhen wie jene der Frühbronzezeit angelegt worden. Als Gründungsplätze dienten der Padnal bei Savognin[1], die Crestaulta bei Lumbrein-Surin[2], die Cresta bei Cazis[3], Caschligns bei Cunter[4], der Grepault bei Trun[5], Pleun da Buora bei Ruschein[6] und der Jörgenberg bei Waltensburg[7]. All diese Orte liegen im Kanton Graubünden.

Besonders viele Erkenntnisse erbrachten die Ausgrabungen der Siedlung auf dem Padnal bei Savognin. Dieses Bergdorf bestand aus drei Häuserzeilen. Die tiefergelegene Mittelzeile verlief durch eine Mulde, während die seitlichen Häuserzeilen leicht erhöht auf Terrassierungsmäuerchen am Muldenabhang errichtet worden waren. Wegen der Lage der Siedlung in der Mulde war der Bau von Gräben für das Abfließen von Regen- und Schmelzwasser erforderlich. Außerdem musste das humose Gehniveau zwischen den Häusern wiederholt mit Kies und Schotter stabilisiert werden.

Um die in der Mulde liegende Siedlung zu entwässern und um Regen- und Schmelzwasser zu speichern, zimmerten die Bewohner des Bergdorfes auf dem Padnal eine aufwendige Zisterne aus Lärchenholz. Dieses »Wasserreservoir« wurde in eine eigens dafür ausgehobene Grube von mindestens acht bis 10,50 Meter Durchmesser und 2,50 bis 3,50 Meter Tiefe eingelassen. Die Zisterne war mindestens 4,70 Meter lang, 2,90 Meter breit und ursprünglich wohl zwei Meter tief. Das darin gesammelte Wasser eignete sich wegen seiner Verschmutzung nicht zum Trinken. Trinkwasser lieferten zwei in der Nähe vorbeifließende Bäche.

Die Konstruktion der Zisterne ruhte auf vier massiven Schwellbalken. Auf den beiden Längsschwellen standen jeweils vier aufrechte Pfosten und auf den beiden Querschwellen je einer. Diese insgesamt zehn Pfosten ragten durch die Schwellbalken und hatten in Pfostenlöchern darunter Halt. Jedes Pfostenpaar auf den Längsschwellen war unter dem Niveau der Schwellbalken durch Querstreben miteinander verbunden. Auf den Längsschwellbalken lag einst ein Bretterboden mit 30 bis 40 Zentimeter breiten und drei bis 4,5 Zentimeter dicken Brettern, die miteinander im Falzverband standen. Auch die Seitenwände wurden durch bohlenartige Elemente gebildet. Man hatte sie in die aufrecht stehenden Pfosten eingenutet. Die Holzkonstruktion wurde mit Lehmpackungen abgedichtet. Sie spiegelt eindrucksvoll das Können der damaligen Zimmerer wider.

Der Hügel Crestaulta bei Surin hat wegen seiner besonders geschützten Lage Siedler angelockt. Seine Westflanke fällt felsig ab, und auch die übrigen Hänge sind sehr steil. Auf dem flachen Plateau kamen Grundrisse von Hütten zum Vorschein. Die Siedlung war vermutlich mit dicken Mauern am Plateaurand befestigt, die gleichzeitig als Stützmauern für eine künstliche Terrassierung des Geländes dienten. Die ehemaligen Bewohner hinterließen Keramikreste, Werkzeuge, Waffen und Schmuck. Zur Siedlung gehörte das Gräberfeld Cresta Petschna.

Nach einem ausgeklügelten Plan wurde offenbar auch die Siedlung auf der Hügelkuppe Cresta bei Cazis im Domleschg errichtet. Man hat sie nicht auf dem von Süden nach Norden verlaufenden Grat des Hügels erbaut, sondern in einer diesen der Länge nach durchschneidenden, leicht schrägen, etwa zehn Meter breiten Felsspalte als Reihensiedlung angelegt. Die Behausungen besaßen Grundrisse mit einer Fläche von etwa 20 bis zu 30 Quadratmetern und verfügten in der Mitte über eine Herdstelle aus Steinplatten. Der Zugang zu den Häusern erfolgte auf der Westseite über einen schmalen Weg zwischen Häuserfront und Felswand.

Interessante Erkenntnisse ergaben sich außerdem auf dem Hügel Caschligns bei Cunter. Dort wurden Spuren eines Holzbaues festgestellt, der einem Feuer zum Opfer fiel. Von dem Gebäude zeugen 18 Pfostenlöcher mit einem Durchmesser von bis zu 50 Zentimetern, die mit Steinen umstellt und bis zu 80 Zentimeter tief in den Boden eingelassen wurden.

Vom steilen Hügelkamm Pleun da Buora bei Ruschein sind Hausgrundrisse, Keramikscherben und eine Bronzenadel bekannt. Auf dem Felskopf Grepault bei Trun und auf dem Geländesporn Jörgenberg belegen Keramikreste die Anwesenheit von Siedlern.

Foto auf Seite 51:

*Bei den Ausgrabungen
in der Höhensiedlung auf dem Padnal bei Savognin
im Oberhalbstein (Kanton Graubünden)
wurde eine Zisterne entdeckt.
Das Wasserreservoir war mindestens 4,70 Meter lang,
2,90 Meter breit
und ursprünglich wohl zwei Meter tief.*

50

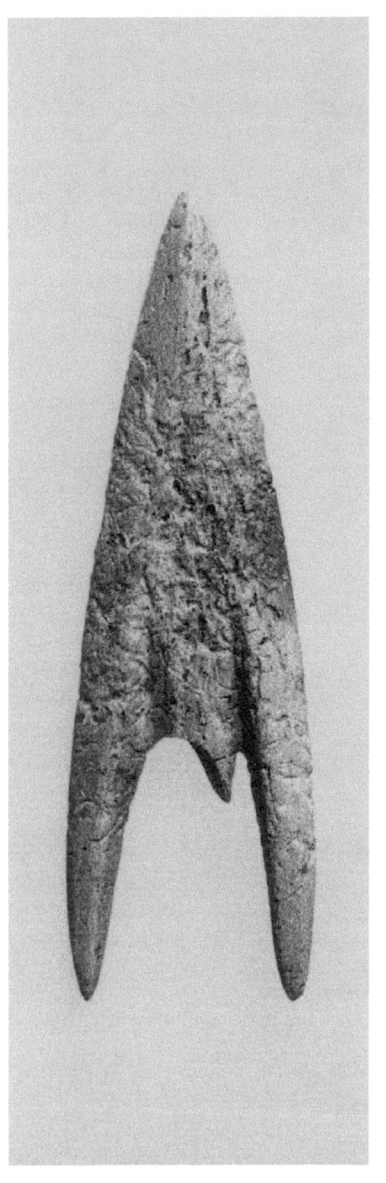

*Die knöcherne Pfeilspitze
aus Scharans
(Kanton Graubünden)
belegt den Gebrauch
von Pfeil und Bogen
in der mittelbronzezeitlichen
Inneralpinen Bronzezeit.
Länge des Objekts
5,6 Zentimeter.
Original im Rätischen
Museum, Chur*

In die Übergangsphase zwischen Mittel- und Spätbronzezeit wird ein durch einen Brand zerstörtes Haus
auf Motta Vallac bei Salouf[8] in Graubünden datiert. Auf
den einplanierten Resten entstand ein Nachfolgebau von
etwa sieben Meter Länge und fünf Meter Breite. Der
Grundriss ließ sich anhand dreier Reihen von Pfostenlöchern rekonstruieren, die teilweise in den Felsboden
gehauen oder in die Auffüllschicht eingetieft und mit
Verkeilsteinen ausgekleidet wurden.

Als Jagdunterschlupf gilt das etwa 50 Meter lange und
teilweise bis zu sieben Meter überragende Felsdach etwa
250 Meter nordöstlich der ehemaligen Einmündung der
Ova Spin in den Spöl bei Zernez[9] (Graubünden). Dort
wurden bei Ausgrabungen neun übereinanderliegende
Kohlelagen freigelegt, die sich in fünf voneinander
getrennte Schichtengruppen aufteilen lassen.

Eine der Schichtengruppen enthielt Knochen vom Rind,
der Gemse *(Rupicapra rupicapra)*, anderer Wiederkäuer,
des Schweins, kleiner Raubtiere sowie von Nagetieren
und Vögeln. Außerdem fand man Keramikfragmente,
bearbeitete Knochenspitzen, Koch- und Mahlsteine
sowie zwei vermutlich zusammenhängende Feuerstellen
mit Steinsetzung. Eine andere Schicht enthielt viele
Knochensplitter mit zahlreichen Schlagspuren, mehrere
Zapfen vom Gehörn eines Steinbocks *(Capra ibex)*, zwei
feingeschliffene Knochenahlen, ortsfremde Steine und
eine Feuerstelle mit Steinsetzung.

Wichtiger als gelegentliche Jagdausflüge waren für die
damaligen Menschen jedoch Ackerbau und Viehzucht.
Dies zeigt die siebte Schicht von der Jägerstation, die

Tongefäß der mittelbronzezeitlichen
Inneralpinen Bronzezeit-Kultur
(etwa 1600 bis 1300/1200 v. Chr.) von der Crestaulta
bei Lumbrein im Kanton Graubünden.
Höhe etwa 22 Zentimeter.
Original im Rätischen Museum, Chur

sich aus Knochen der Haustiere Schaf, Rind, Schwein und Hund zusammensetzte. Reste von Rind und Schaf, der Ziege sowie vom Hund konnten auch in der erwähnten Siedlung auf dem Padnal bei Savognin geborgen werden.

Ackerbau wird durch Reste von verkohltem Getreide in der Siedlung auf dem Padnal belegt. Es befand sich im Fragment eines tönernen Vorratsgefäßes, das bei der Brandkatastrophe in einem Gebäude stand und in Stücke zersprang. Belegt sind Spelzgerste *(Hordeum vulgare)*, Weizen *(Triticum)*, Einkorn *(Triticum monococcum)*, Emmer *(Triticum dicoccon)*, eventuell auch Hafer *(Avena)*, und Erbsen *(Pisum sativum)*. Von der Motatta bei Ramosch im Unterengadin (Graubünden) kennt man einen verzierten Sichelgriff aus Hirschgeweih.

Steinerne Gussformen aus den Höhensiedlungen von Caschligns bei Cunter und auf dem Padnal bei Savognin beweisen, dass dort ansässige Metallhandwerker bronzene Erzeugnisse herstellen konnten. Caschligns liegt nur etwa acht Kilometer vom erzführenden Alpengebiet Colm da Bovs im Val d'Err entfernt.

Die Form von Caschligns eignete sich zum Guss eines 19 Zentimeter langen Schaftlappenbeiles. Mit einer auf dem Padnal geborgenen Gussform konnten zwei verschiedene Geräte unbekannter Funktion hergestellt werden, mit der anderen ließ sich ein Rasiermesser vom Typ Padnal gießen, von dem ein zehn Zentimeter langes Exemplar gefunden wurde.

Auf dem Padnal kamen außer den beiden Gussformen auch kleine Bronzetropfen und Schlacken zum Vorschein. Dabei handelt es sich um Rückstände, die beim Ausschmelzen von Kupfer aus kupferhaltigem Gestein im Verhüttungsofen anfielen.

Neben bronzenen Geräten schätzte man weiterhin solche aus Stein, Knochen oder Geweih. Anhaltspunkte hierfür lieferten zahlreiche Stein- und Knochenartefakte auf dem Padnal, ein 19 Zentimeter langer Rührstein von Caschligns mit einseitig durch Birkenpech geschwärztem Endstück, die Knochenspitzen von der Jägerstation bei Zernez und der Geweihgriff einer Sichel von der Mottata. Dass manche Pfeilspitzen aus Knochen geschnitzt wurden, veranschaulicht ein Fund am Südfuß des Kieshügels Spundas aus Scharans in Graubünden.

Welchen Schmuck die Frauen trugen, zeigen die Beigaben aus dem Gräberfeld auf dem Cresta Petschna bei Surin. Es sind bronzene Doppelflügelnadeln vom Typ Lumbrein, einfache Rollenkopf-, Kegelkopf- und Pilzkopfnadeln, Stachelscheiben, Spiralanhänger und Armringe. Der Typ Lumbrein ist nach dem Fundort Lumbrein im Kanton Graubünden bezeichnet. Allein das Grab 9 enthielt außer einem Spiralanhänger und zwei Stachelscheiben insgesamt elf verschiedene Nadeln.

Die an der Fundstelle Rimspitschen in der Gemeinde Santa Maria im Münstertal (Graubünden) in 2400 Meter Höhe entdeckte bronzene Nadel ist 28,5 Zentimeter lang. Von Tauschgeschäften zeugen mehrere Bernsteinperlen auf dem Padnal, die aus dem Ostseegebiet stammen könnten.

Ein Gräberfeld der mittelbronzezeitlichen Inneralpinen Bronzezeit-Kultur wurde auf dem Cresta Petschna bei Surin freigelegt. In diesem Friedhof sind die auf dem Scheiterhaufen verbrannten Reste von mindestens elf Menschen – vorwiegend Frauen im festlichen Ornat – bestattet worden. Ihre Bronzebeigaben sind meistens im Feuer geschmolzen.

Als Sachopfer gelten zwei vollständige Schwerter und das Bruchstück eines dritten, ein Dolch mit abgebrochenem Griff und eine Rippennadel, die 1775 Meter über dem Meeresspiegel in der Fassung der Mauritiusquelle von Sankt Moritz[10] im Kanton Graubünden geborgen werden konnten. Diese Bronzeobjekte fanden sich am Fuß der größeren von zwei Holzröhren und stammen teilweise aus der sich dem Ende zuneigenden Mittelbronze- sowie aus der beginnenden Spätbronzezeit. Sie werden als die ältesten Nachweise hinsichtlich der Nutzung von Wasser zu Heilzwecken erachtet.

Nach Ansicht der Zürcher Archäologin Calista Fischer dürfte das mit einer Temperatur von etwa fünf bis sechs Grad Celsius aus dem Boden sprudelnde kühle Wasser der Mauritiusquelle wohl kaum zum Baden verlockt haben. Sie glaubt, das kohlesäurehaltige Wasser sei hauptsächlich getrunken worden, wobei das perlende und im Gaumen kribbelnde Nass eigenartig und lebendig auf die Trinker wirkte.

Bei den Bronzeobjekten in der Mauritiusquelle handelte es sich nach Auffassung von Frau Fischer nicht um ein Bauopfer, mit dem man die durch die Fassung der Quelle

Foto auf Seite 59

Historisches Foto
der 1907 entdeckten und ausgegrabenen
Mauritiusquelle von Sankt Moritz
im Kanton Graubünden
aus der Mittelbronzezeit

erzürnte Quellgottheit besänftigen wollte. Dagegen sprechen das unterschiedliche Alter der geweihten Gegenstände zwischen 1400 und 1250 v. Chr. und die unterschiedliche Herkunft der Weihegaben. Die Gegenstände wurden wohl von weither gewanderten vornehmen Personen oder Gruppen der Quelle übergeben, um ihr auf diese Weise für die Heilung oder für ein anderweitig gelungenes Unternehmen zu danken.

Auf die Mauritiusquelle waren die Bronzezeitmenschen durch feuchte Stellen und austretendes Wasser im Gelände aufmerksam geworden. Sie hoben zunächst im Bereich des Quellaustrittes eine etwa vier Meter lange, drei Meter breite und 1,80 Meter tiefe Grube aus und errichteten darin einen viereckigen hölzernen Rahmen aus schlanken, runden Arvenstämmen, die in Blockbautechnik miteinander verbunden wurden.

Den ersten Rahmen ergänzte man innen durch einen zweiten, der aus rechteckigen Arvenholzplanken bestand. In diesen inneren Rahmen wurde ein Rohr aus einem ausgehöhlten Arvenstamm gestellt, um das Wasser zu sammeln. Später hat man ein zweites Rohr hinzugefügt. Damit das Wasser nicht die Ritzen der Spundwände durchdrang und versickerte, strich man sämtliche Zwischenräume sauber mit Lehm aus. Erst danach stieg der Wasserspiegel innerhalb der beiden Rahmen an. Die Quellfassung ist heute im Museum Engiadinais in Sankt Moritz ausgestellt.

Einige Prähistoriker definieren auch die Waffenfunde auf Alpenpässen in größer Höhe als Opfergaben. Zu dieser Kategorie von Funden aus Graubünden gehören die Dolchklinge von der Fundstelle Palü Lunga/ Alp Discholas bei Ramosch in etwa 1700 bis 1900 Meter Höhe sowie je ein Schaftlappenbeil von Poschiavo in ungefähr 2100 Meter Höhe und von der Fundstelle Chantarella bei Sankt Moritz in etwa 2005 Meter Höhe.

Anmerkungen

Die Frühbronzezeit in der Schweiz
1] Die Zusammenstellung dieser Übersicht über die
Verbreitung und Zeitdauer von Kulturen der Früh-
bronzezeit entstand 1996 mit Hilfe der deutschen
Prähistorikerin Gretel Callesen (früher Gallay) aus
Nidderau (Hessen), des beim Archäologischen Dienst
des Kantons Bern arbeitenden deutschen Prähistorikers
Albert Hafner und des schweizerischen Prähistorikers
Jürg Rageth vom Archäologischen Dienst Graubünden,
Haldenstein.

Die Inneralpine Bronzezeit-Kultur
in der Frühbronzezeit
1] Der Begriff Crestaulta-Kultur wurde 1946 von dem
Kreisförster und Heimatforscher Walo Burkart (1887–
1952) aus Chur vorgeschlagen.
2] Der Name Bündnerische Bronzezeit wurde 1974 von
dem Prähistoriker Jürg Rageth aus Chur in seiner
Dissertation über den Lago di Ledro im Trentino geprägt, aber kurz darauf zugunsten des Ausdruckes
Inneralpine Bronzezeit wieder aufgegeben.
3] Die Höhensiedlung auf der Crestaulta wurde von
bis 1938 durch Walo Burkart (s. Anm. 1) untersucht.
4] Die Höhensiedlung auf dem Grepault bei Trun
wurde 1931 und 1934 durch Walo Burkart (s. Anm. 1),
1955 durch den Kaminfegermeister Tobias Deflorin
(1903–1977) aus Trun, 1957 durch den Pfarrer, Mit-

telschullehrer und nebenamtlichen Konservator Hercli Bertogg aus Chur (1903–1958) und 1959/60 durch den Prähistoriker Hans Erb (1910–1986) aus Chur erforscht.

5] Auf dem Jörgenberg bei Waltensburg nahmen 1935 und 1947 Walo Burkart (s. Anm. 1) und 1954 Tobias Deflorin (s. Anm. 4) Sondierungen vor.

6] Auf der Cresta bei Cazis entdeckte 1942 Walo Burkart (s. Anm. 1) Siedlungsspuren. Er grub dort 1943/44 sowie von 1947 bis 1970. Die Siedlungsstelle wurde durch das Schweizerische Landesmuseum, Zürich, unter Leitung des Prähistorikers Emil Vogt (1906–1974) untersucht.

7] Die Höhensiedlung auf Motta Vallac bei Salouf wurde von Walo Burkart (s. Anm. 1) entdeckt und 1941 sowie 1945/46 von ihm untersucht. Der Begriff Motta heißt zu deutsch Hügel. 1972 nahm der Prähistoriker René Wyss vom Schweizerischen Landesmuseum, Zürich, eine Probegrabung vor.

8] Auf der Mutta bei Fellers hat Walo Burkhart (s. Anm. 1) 1936 und 1939 sondiert sowie 1941 bis 1943 gegraben.

9] Auf dem Padnal bei Savognin wurden 1947 und 1953 beim Kiesabbau prähistorische Siedlungsreste entdeckt. Der Name Padnal heißt befestigter Platz. Der Lehrer und Heimatforscher Benedikt Frei (1904– 1975) aus Mels sowie der Lehrer Bonifazius Josef Plaz (1906–1961) aus Savognin nahmen erste Sondierungen vor. Von 1971 bis 1983 wurde der Fundplatz durch den Archäologischen Dienst Graubünden untersucht.

10] Die Felszeichnungen von Crap Carschenna oberhalb Sils wurden 1965 von Peter Brosi, Sektion Forsteinrichtung, bei der Suche nach einem Messpunkt entdeckt. Der Ausdruck Crap bedeutet zu deutsch Felskopf. Brosi verständigte den Kantonsarchäologen Hans Erb (s. Anm. 4), unter dessen Leitung im Sommer 1966 der Churer Prähistoriker Christian Zindel eine erste fotografische und zeichnerische Bestandsaufnahme durchführte.

11] Die Theorie der »Sonnenkultlinie« wird von dem Geologen Ulrich Büchi aus Zürich-Forch vertreten.

12] Die Entdeckungsgeschichte der Gräber von Donath begann 1926 mit Bauarbeiten an der Gemeindestraße von Donath nach Casti-Wergenstein. Dabei stieß man auf eine gemauerte Kammer und später im Schutt auf vier Grabbeigaben. Eine weitere Sondierung von 1928 blieb ergebnislos. Als 1961 die Straße erneut verbreitert wurde, gelang es dem Primarlehrer und Ausbilder an der evangelischen Mittelschule in Schiers, Adolf Gähwiler, im Auftrag des Rätischen Museums, Chur, fünf weitere Bestattungen aufzudecken.

Die Mittelbronzezeit in der Schweiz

1] Die Zusammenstellung dieser Übersicht über die Verbreitung und Zeitdauer von Kulturen der Mittelbronzezeit entstand mit Hilfe der deutschen Prähistorikerin Dr. Gretel Gallay (heute Callesen) aus Nidderau (Hessen) und des schweizerischen Prähistorikers Jürg Rageth vom Archäologischen Dienst Graubünden, Haldenstein.

Die Inneralpine Bronzezeit-Kultur
in der Mittelbronzezeit
1] Auf dem Padnal bei Savognin wurden 1947 und 1953 beim Kiesabbau prähistorische Siedlungsreste entdeckt. Der Name Padnal heißt befestigter Platz. Der Lehrer und Heimatforscher Benedikt Frei (1904–1975) aus Mels sowie der Lehrer Bonifazius Josef Plaz (1906–1961) aus Savognin nahmen erste Sondierungen vor. Von 1971 bis 1983 wurde der Fundplatz durch den Archäologischen Dienst Graubünden untersucht.
2] Die Höhensiedlung auf der Crestaulta wurde 1938 durch den Oberförster und Heimatforscher Walo Burkart (1887–1952) aus Chur untersucht.
3] Auf der Cresta bei Cazis entdeckte 1942 Walo Burkart (s. Anm. 2) Siedlungsspuren. Er grub dort 1943/44 sowie von 1947 bis 1970. Die Siedlungsstelle wurde durch das Schweizerische Landesmuseum, Zürich, unter Leitung des Prähistorikers Emil Vogt (1906–1974) untersucht.
4] Auf Caschligns bei Cunter stellte 1942 Walo Burkart (s. Anm. 2) Spuren bronzezeitlicher Bauten fest. Bei den Grabungen von 1944 bis 1946 hat Burkart zwei Phasen der spätesten Mittelbronzezeit beziehungsweise der Spätbronzezeit erkannt.
5] Die Höhensiedlung auf dem Grepault bei Trun wurde 1931 und 1934 durch Walo Burkart (s. Anm. 2), 1955 durch den Kaminfegermeister Tobias Deflorin (1903–1977) aus Trun, 1957 durch den Pfarrer, Mittelschullehrer und nebenamtlichen Konservator Hercli Bertogg aus Chur (1903–1958) und 1959/60

durch den Prähistoriker Hans Erb (1910–1986) aus Chur erforscht.

6] Auf Pleun da Buora bei Ruschein hat 1965 das Rätische Museum, Chur, eine kleine Flächengrabung vorgenommen, die im Zusammenhang mit dem Bau eines Waldweges durchgeführt wurde.

7] Auf dem Jörgenberg bei Waltensburg nahmen 1935 und 1947 Walo Burkart (s. Anm. 2) und 1954 Tobias Deflorin Sondierungen vor.

8] Die Höhensiedlung auf Motta Vallac bei Salouf wurde von Walo Burkart (s. Anm. 2) entdeckt und 1941 sowie 1945/46 von ihm untersucht. Der Begriff Motta heißt zu deutsch Hügel. 1972 nahm der Prähistoriker René Wyss vom Schweizerischen Landesmuseum, Zürich, eine Probegrabung vor.

9] Das Felsdach nordöstlich der Einmündung der Ova Spin in den Spöl bei Zernez wurde 1931/32 durch den Brauereibesitzer und Heimatforscher Riet Campell (1866–1951) aus Celerina/Schlarigna sowie dessen Sohn, den Forstingenieur Eduard Campell aus Bever, untersucht.

10] Die bronzezeitliche Quellfassung von Sankt Moritz wurde 1907 bei Erneuerungsarbeiten an der Mauritiusquelle entdeckt.

Literatur

Die Inneralpine Bronzezeit in der Frühbronzezeit
BILL, Jakob: Der Beginn der Bronzezeit im Fürstentum
Liechtenstein. Helvetia Archaeologica, Jahrgang 9, Heft
34/36, S. 113–119, Zürich 1978
BURKART, Walo / VOGT, Emil: Die bronzezeitliche
Scheibennadel von Mutta bei Fellers (Kanton Grau-
bünden). Zeitschrift für schweizerische Archäologie und
Kunstgeschichte, Band 6, S. 65–74, Zürich 1944
CONRAD, Hans: Beitrag zur Frage der urgeschicht-
lichen Besiedlung des Engadins. Jahresbericht der histo-
risch-antiquarischen Gesellschaft von Graubünden,
Band 70, S. 5–40, Chur 1940
CONRAD, Hans: Überblick über die Geschichte des
Engadins. Bündner Monatsblatt, S. 228–231, Chur 1962
GOOP, Adulf Peter: Liechtenstein gestern und heute,
Vaduz 1973
HEIERLI, Jakob / OECHSLI, Wilhelm: Urgeschichte
Graubündens (mit Einschluß der Römerzeit). Mit-
teilungen der Antiquarischen Gesellschaft, Band 24, S.
1–80, Zürich 1903
MARXER, Felix: Archäologie in Liechtenstein. Helvetia
Archaeologica, Jahrgang 9, Heft 34/36, S. 75–88, Zürich
1978
PRIMAS, Margerita: Urgeschichtliche Funde aus
Graubünden. Aus: ERB, Hans: Das Rätische Museum
ein Spiegel von Bündens Kultur und Geschichte, S. 26–
32, Chur 1979.

RAGETH, Jürg: Die bronzezeitliche Siedlung auf dem Padnal bei Savognin (Oberhalbstein, GR). Grabungen 1971 und 1972. Jahrbuch der Schweizerischen Gesellschaft für Ur- und Frühgeschichte, Band 59, S. 123–179, Basel 1976

RAGETH, Jürg: Die wichtigsten Resultate der Ausgrabungen in der bronzezeitlichen Siedlung auf dem Padnal bei Savognin (Oberhalbstein, GR). Jahrbuch der Schweizerischen Gesellschaft für Ur- und Frühgeschichte, Band 69, S. 63–103, Frauenfeld 1986

RAGETH, Jürg: Die Bronzezeit in Graubünden. Chronologie, S. 80–90, Basel 1986

RAGETH, Jürg: Neue Funde der Bronzezeit aus Graubünden. Bündner Monatsblatt, S. 71–86, Chur 1991

SWOZILEK, Helmut: Die vorgeschichtlichen Funde von Schellenberg/Borscht (Fürstentum Liechtenstein), Dissertation, Innsbruck 1971

WYSS, René: Die Höhensiedlung Motta Vallac im Oberhalbstein (Salouf) GR). Archäologie der Schweiz, Band 5, Heft 2, S. 77–81, Zürich 1982

WYSS, René: Die frühe Besiedlung der Alpen aus archäologischer Sicht. Siedlungsforschung. Archäologie – Geschichte – Geographie, Band 8, S. 69–86, Bonn 1990

ZINDEL, Christian: Der bündnerische Raum in vorrömischer Zeit. Aus: Die Römer in Graubünden, Terra Grischuna, S. 3–6, Bottmingen 1985

ZÜRCHER, Andreas C.: Urgeschichtliche Fundstellen Graubündens. Schriftenreihe des Rätischen Museums Chur, Band 27, Chur 1982

Die Inneralpine Bronzezeit in der Mittelbronzezeit

BISCHOF, Nicolin: Oberingenieur Hans Conrad zum Gedenken. Bündner Monatsblatt, S. 246–248, Chur 1961

BURKART, Walo: Bronzezeitliche Mahlsteine von Mutta/Fellers und Cresta/Cazis (Kanton Graubünden). Jahrbuch der Schweizerischen Gesellschaft für Urgeschichte, Band 35, S. 136–139, Frauenfeld 1944

BURKART, Walo: Crestaulta. Eine bronzezeitliche Hügelsiedlung bei Surin im Lugnez. Monographien zur Ur- und Frühgeschichte der Schweiz, Band 5, Basel 1946

BURKART, Walo: Die Grabstätten der Crestaulta-Siedler. Ur-Schweiz, Jahrgang 12, Nr. 2, S. 5–9, Basel 1948

BURKART, Walo: Die bronzezeitliche Teilnekropole am Cresta Petschna. Ur-Schweiz, Jahrgang 13, Nr. 3, S. 33–39, Basel 1949

CONRAD, Hans: Die urgeschichtliche Siedlung von Mottata im Unterengadin. Bündner Jahrbuch, S. 99–104, Chur 1961

FISCHER, Calista: Das Geheimnis der Mauritiusquelle. Aus: Die Bronzezeit, das erste goldene Zeitalter Europas. Europäisches Erbe, Nr. 2, S. 18–20, Straßburg 1994

HEIERLI, Jakob: Die bronzezeitliche Quellfassung von St. Moritz. Anzeiger für Schweizerische Altertumskunde, Band 9, S. 265–278, Zürich 1907

NAULI, Silvester: Eine bronzezeitliche Anlage in Cunter/ Caschlings. Helvetia Archaeologica, Jahrgang 8, Heft 29/30, S. 25–34, Zürich 1977

NAULI, Silvester: Zur Urgeschichte und römischen Epoche im Engadin. Aus: CONRAD, Hans: Schriften zur urgeschichtlichen und römischen Besiedlung des Engadins, S. 57–61, Lavin/Pontresina 1981

NAULI, Silvester / RAGETH, Jürg: Katalog der urgeschichtlichen und römischen Fundstellen im Engadin und Münstertal. Aus: CONRAD, Hans: Schriften zur urgeschichtlichen und römischen Besiedlung des Engadins, S. 115–134, Lavin/Pontresina 1981

RAGETH, Jürg: Die bronzezeitliche Siedlung auf dem Padnal bei Savognin. Helvetia Archaeologica, Jahrgang 8, Heft 29/30, S. 12–24, Zürich 1977

RAGETH, Jürg: Die bronzezeitliche Siedlung auf dem Padnal bei Savognin (Oberhalbstein, GR). Grabung 1973. Jahrbuch der Schweizerischen Gesellschaft für Ur- und Frühgeschichte, Band 60, S. 43–101, Basel 1977

RAGETH, Jürg: Die bronzezeitliche Siedlung auf dem Padnal bei Savognin (Oberhalbstein, GR). Grabung 1974. Jahrbuch der Schweizerischen Gesellschaft für Ur- und Frühgeschichte, Band 61, S. 7–63, Basel 1978

RAGETH, Jürg: Die bronzezeitliche Siedlung auf dem Padnal bei Savognin (Oberhalbstein, GR). Grabung 1975. Jahrbuch der Schweizerischen Gesellschaft für Ur- und Frühgeschichte, Band 62, S. 29–76, Basel 1979

RAGETH, Jürg: Die bronzezeitliche Siedlung auf dem Padnal bei Savognin (Oberhalbstein, GR). Grabungen 1981 und 1982. Jahrbuch der Schweizerischen Gesellschaft für Ur- und Frühgeschichte, Band 68, S. 65–122, Basel 1985

RAGETH, Jürg: Eine bronzezeitliche Zisterne bei Savognin. Helvetia Archaeologica, Jahrgang 16, Heft 63/ 64, S. 81–90, Zürich 1985

RAGETH, Jürg: Die wichtigsten Resultate der Ausgrabungen in der bronzezeitlichen Siedlung auf dem Padnal bei Savognin (Oberhalbstein GR). Jahrbuch der Schweizerischen Gesellschaft für Ur- und Frühgeschichte, Band 69, S. 63–103, Basel 1986

WYSS, René: Die Eroberung der Alpen durch den Bronzezeitmenschen. Zeitschrift für Schweizerische Archäologie und Kunstgeschichte, Band 28, S. 130–145, Zürich 1971

WYSS, René: Motta Vallac, eine bronzezeitliche Höhensiedlung im Oberhalbstein. Helvetia Archaeologica, Jahrgang 8, Heft 29/30, S. 35–55, Zürich 1977

WYSS, René: Prähistorische Kupfererzgewinnung in den Schweizer Alpen. Zeitschrift für Schweizerische Archäologie und Kunstgeschichte, Band 50, S. 195–212, Zürich 1993

ZINDEL, Christian: Zwei frühe Rasiermesser aus Graubünden. Archäologie der Schweiz, Band 2, Heft 2, S. 78– 80, Basel 1979

ZÜRCHER, Andreas: Funde der Bronzezeit aus St. Moritz. Helvetia Archaeologica, Jahrgang 3, Heft 9, S. 21–28, Zürich 1972

Bildquellen

Klaus Benz, Fotograf, Mainz-Laubenheim: 79
Friederike Hilscher-Ehlert, Königswinter: 77
Reproduktionen von Fotos aus dem Buch »Deutsch-
land in der Bronzezeit« (1996) von Ernst Probst: 27,
32, 33 (Foto: Christian Zindel), 43, 46, 51, 52
(Archäologischer Dienst Graubünden, Haldenstein),
22 (Rudolf W. Burkart, Chur), 16 (Dr. Jürg Rageth,
Archäologischer Dienst Graubünden, Haldenstein),
54 (Rätisches Museum, Chur)
Reproduktionen von Karten aus dem Buch
»Deutschland in der Bronzezeit« (1996) von Ernst
Probst: 19, 41 (Rainer Veit, Mainz, nach Albert
Hafner: Die Frühe Bronzezeit in der Westschweiz.
Befunde und Funde aus Siedlungen, Gräbern und
Horten der entwickelten Frühbronzezeit. Seeufer-
siedlungen am Bieler See, Band 5, Bern 1995)
Reproduktionen von Zeichnungen aus dem Buch
»Deutschland in der Bronzezeit« (1996) von Ernst
Probst: 37 (Rekonstruktion aus Karl Schumacher:
Handbücher des römisch-germanischen Central-
Museums Mainz, Nr. 1. Siedelungs und Kultur-
geschichte der Rheinlande von der Urzeit bis in das
Mittelalter, I. Band: Die Vorrömische Zeit, Tafel, 20,
Mainz 1921), 9 (Reproduktion aus Jorn Street-Jensen:
Christian Jürgensen Thomsen und Ludwig Linden-
schmit: Eine Gelehrtenkorrespondenz aus der

Frühzeit der Altertumskunde (1853–1964), Mainz
1985)
Mtz-stmoritz (Foto eines unbekannten Fotografen
vom 1. Januar 1907): 59 (via Wikimedia Commons),
Lizenz: gemeinfrei
Zeichnungen von Friederike Hilscher-Ehlert für das
Buch »Deutschland in der Bronzezeit« (1996) von
Ernst Probst: 1, 14, 45

Die wissenschaftliche Graphikerin Friederike Hilscher-Ehlert

Friederike Hilscher-Ehlert wurde am 13. Dezember 1946 in Hamburg geboren. Sie absolvierte eine Ausbildung sowie ein Studium in den Fächern Kostümbild und Bühnenbild. Danach war sie mehrere Jahre lang an der Bühne tätig. Auf dem zweiten Berufsweg wurde sie wissenschaftliche Graphikerin mit dem Schwerpunkt Archäologie und arbeitete am Rheinischen Landes-museum Bonn. Ihre Fachgebiete waren Restaurierung, Archäo-Botanik, Wissenschafts-Publikationen, Amts-hilfe bei externen Projekten und Ausstellungskon-zeption. Mit Lebensbildern von Menschen aus ver-gangenen Zeiten machte sie sich bereits einen Namen, als solche Kunstwerke in ihrer Heimat noch Seltenheiten waren. Das erste Buch, in dem Zeichnungen von Friederike Hilscher-Ehlert abgebildet wurden, heißt »Report aus der Römerzeit« (1989). In den frühen 1990-er Jahren schuf sie zahlreiche Lebensbilder für das Buch »Deutschland in der Bronzezeit« (1996) des Wiesbadener Wissenschaftsautors Ernst Probst. Großformatige Lebensbilder aus ihrer Hand schmücken die Werke »Die Römer« (1999), »Die Steinzeitler« (2003), »Die Kelten" (2003) und »Die Franken« (2003) in der vom Rhein-ischen Landesmuseum Bonn herausgegebenen Reihe »Lebendige Vergangenheit«. Im Geleitwort schrieb Professor Dr. Hans-Eckart Joachim: »Die Zeichnerin Friederike Hilscher-Ehlert verbindet wissenschaftlich abgesicherte, akribische Prägnanz mit virtuosem unverkennbaren Personalstil, der der Phantasie und Entdeckerfreude Raum lässt. So entstehen Bilder, in denen uns Menschen und Menschengemachtes der Vergangenheit entgegentreten, längst verwischte Spuren sichtbar werden.« Zeichnungen von ihr erschienen außer in Büchern auch in wissenschaftlichen Zeitschriften und man sah sie in Ausstellungen von Museen oder auf zahlreichen farbprächtigen Ansichtskarten. Friederike Hilscher-Ehlert betont: »Archäologische Illustration ist heute in keinem Museum und in keiner fundierten Fachpublikation mehr entbehrlich. Es ist mir eine Freude Wegbereiterin dieser Art Graphik in Deutschland gewesen zu sein.«

Der Autor Ernst Probst

Ernst Probst, geboren am 20. Januar 1946 in Neunburg vorm Wald im bayerischen Regierungsbezirk Oberpfalz, ist Journalist und Wissenschaftsautor. Er arbeitete von 1968 bis 1971 als Redakteur bei den »Nürnberger Nachrichten«, von 1971 bis 1973 in der Zentralredaktion des »Ring Nordbayerischer Tageszeitungen« in Bayreuth und von 1973 bis 2001 bei der »Allgemeinen Zeitung«, Mainz. In seiner Freizeit schrieb er Artikel für die »Frankfurter Allgemeine Zeitung«, »Süddeutsche Zeitung«, »Die Welt«, »Frankfurter Rundschau«, »Neue Zürcher Zeitung«, »Tages-Anzeiger«, Zürich, »Salzburger Nachrichten«, »Die Zeit«, »Rheinischer Merkur«, »Deutsches Allgemeines Sonntagsblatt«, »bild der wissenschaft«, »kosmos«, »Deutsche Presse-

Agentur« (dpa), »Associated Press« (AP) und den »Deutschen Forschungsdienst« (df). Aus seiner Feder stammen die Bücher »Deutschland in der Urzeit« (1986), »Deutschland in der Steinzeit« (1991), »Rekorde der Urzeit« (1992), »Dinosaurier in Deutschland« (1993 zusammen mit Raymund Windolf) und »Deutschland in der Bronzezeit« (1996). Von 2001 bis 2006 betätigte sich Ernst Probst als Buchverleger sowie zeitweise als internationaler Fossilienhändler und Antiquitätenhändler. Insgesamt veröffentlichte er mehr als 100 Bücher, Taschenbücher, Broschüren und E-Books.

Bücher von Ernst Probst

Affenmenschen
Von Bigfoot bis zum Yeti

Annie Oakley
Die Meisterschützin des Wilden Westens

Archaeopteryx. Der Urvogel aus Bayern

Christl-Marie Schultes. Die erste Fliegerin in Bayern
(zusammen mit Theo Lederer)

Cortés und Malinche. Der spanische Eroberer
und seine indianische Geliebte

Das Dinotherium-Museum Eppelsheim
Führer durch die Ausstellung
(zusammen mit Dr. Jens Lorenz Franzen
und Heiner Roos)

Der Europäische Jaguar

Der Mosbacher Löwe
Die riesige Raubkatze aus Wiesbaden

Der Rhein-Elefant
Das Schreckenstier von Eppelsheim

Der Schwarze Peter
Ein Räuber im Hunsrück und Odenwald

Der Ur-Rhein
Rheinhessen vor zehn Millionen Jahren

Deutschland im Eiszeitalter

Deutschland in der Frühbronzezeit

Deutschland in der Mittelbronzezeit

Deutschland in der Spätbronzezeit

Die Aunjetitzer Kultur in Deutschland

Die Straubinger Kultur in Deutschland

Die Arbon-Kultur in Deutschland

Die Adlerberg-Kultur

Der Sögel-Wohlde-Kreis

Die nordische Bronzezeit in Deutschland

Die Hügelgräber-Kultur in Deutschland

Die Bronzezeit in der Lüneburger Heide

Die Stader Gruppe in der Bronzezeit

Julchen Blasius. Die Räuberbraut des Schinderhannes

Königinnen der Lüfte in Deutschland

Königinnen der Lüfte in Europa

Königinnen der Lüfte in Amerika

Königinnen der Lüfte von A bis Z

Königinnen des Tanzes

Malende Superfrauen

Meine Worte sind wie die Sterne
Die Entstehung der Rede des Häuptlings Seattle
(zusammen mit Sonja Probst)

Monstern auf der Spur
Wie die Sagen über Drachen, Riesen
und Einhörner entstanden

Österreich in der Frühbronzezeit

Österreich in der Mittelbronzezeit

Österreich in der Spätbronzezeit

Pompadour und Dubarry. Die Mätressen
von Louis XV.

84

Raub-Dinosaurier von A bis Z.
Mit Zeichnungen von Dmitry Bogdanav
und Nobu Tamura

Rekorde der Urmenschen
Erfindungen, Kunst und Religion

Rekorde der Urzeit
Landschaften, Pflanzen und Tiere

Säbelzahnkatzen. Von *Machairodus*
bis zu *Smilodon*

Säbelzahntiger am Ur-Rhein. *Machairodus*
und *Paramachairodus*

Seeungeheuer
Von Nessie bis zum Zuiyo-maru-Monster

Superfrauen aus dem Wilden Westen

Superfrauen 1 – Geschichte

Superfrauen 2 – Religion

Superfrauen 3 – Politik

Superfrauen 4 – Wirtschaft und Verkehr

Superfrauen 5 – Wissenschaft

Bestellungen bei: http://www.grin.com